Great Works

Instructional Guides for Literature

La isla de los delfines azules

A guide for the Spanish version of the novel by Scott O'Dell
Great Works Author: Charles Aracich

SHELL EDUCATION

Publishing Credits

Corinne Burton, M.A.Ed., *Publisher*; Emily R. Smith, M.A.Ed., *VP of Content Development*;
Caroline Gasca, M.S.Ed., *Senior Content Manager*; Sam Morales, M.A., *Project Manager*;
Jill Malcolm, *Multimedia Specialist*

Image Credits

Nathan B Dappen and BlueMoonStore—Shutterstock (cover); All other images Shutterstock

Standards

© Copyright 2022. National Governors Association Center for Best Practices and Council of Chief State School Officers.
All rights reserved.
© Copyright 2007–2021 Texas Education Agency (TEA). All Rights Reserved.

Shell Education

A division of Teacher Created Materials
5482 Argosy Avenue
Huntington Beach, CA 92649-1039
www.tcmpub.com/shell-education
ISBN 978-1-4938-9131-3
© 2022 Shell Educational Publishing, Inc.

Printed in USA. WOR004

Table of Contents

How to Use This Literature Guide

Today's standards demand rigor and relevance in the reading of complex texts. The units in this series guide teachers in a rich and deep exploration of worthwhile works of literature for classroom study. The most rigorous instruction can also be interesting and engaging!

Many current strategies for effective literacy instruction have been incorporated into these instructional guides for literature. Throughout the units, text-dependent questions are used to determine comprehension of the book as well as student interpretation of the vocabulary words. The books chosen for the series are complex exemplars of carefully crafted works of literature. Close reading is used throughout the units to guide students toward revisiting the text and using textual evidence to respond to prompts orally and in writing. Students must analyze the story elements in multiple assignments for each section of the book. All of these strategies work together to rigorously guide students through their study of literature.

The next few pages will make clear how to use this guide for a purposeful and meaningful literature study. Each section of this guide is set up in the same way to make it easier for you to implement the instruction in your classroom.

Theme Thoughts

The great works of literature used throughout this series have important themes that have been relevant to people for many years. Many of the themes will be discussed during the various sections of this instructional guide. However, it would also benefit students to have independent time to think about the key themes of the novel.

Before students begin reading, have them complete *Pre-Reading Theme Thoughts* (page 13). This graphic organizer will allow students to think about the themes outside the context of the story. They'll have the opportunity to evaluate statements based on important themes and defend their opinions. Be sure to have students keep their papers for comparison to the *Post-Reading Theme Thoughts* (page 64). This graphic organizer is similar to the pre-reading activity. However, this time, students will be answering the questions from the point of view of one of the characters of the novel. They have to think about how the character would feel about each statement and defend their thoughts. To conclude the activity, have students compare what they thought about the themes before they read the novel to what the characters discovered during the story.

How to Use This Literature Guide *(cont.)*

Vocabulary

Each teacher overview page has definitions and sentences about how key vocabulary words are used in the section. These words should be introduced and discussed with students. There are two student vocabulary activity pages in each section. On the first page, students are asked to define the ten words chosen by the author of this unit. On the second page in most sections, each student will select at least eight words that he or she finds interesting or difficult. For each section, choose one of these pages for your students to complete. With either assignment, you may want to have students get into pairs to discuss the meanings of the words. Allow students to use reference guides to define the words. Monitor students to make sure the definitions they have found are accurate and relate to how the words are used in the text.

On some of the vocabulary student pages, students are asked to answer text-related questions about the vocabulary words. The following question stems will help you create your own vocabulary questions if you'd like to extend the discussion.

- ¿De qué manera esta palabra describe la personalidad de _____ ?
- ¿De qué manera esta palabra se relaciona con el problema del cuento?
- ¿De qué manera esta palabra te ayuda a comprender el escenario?
- Dime de qué manera esta palabra se relaciona con la idea principal del cuento.
- ¿Qué imágenes te trae a la mente esta palabra?
- ¿Por qué crees que el autor usó esta palabra?

At times, more work with the words will help students understand their meanings. The following quick vocabulary activities are a good way to further study the words.

- Have students practice their vocabulary and writing skills by creating sentences and/or paragraphs in which multiple vocabulary words are used correctly and with evidence of understanding.
- Students can play vocabulary concentration. Students make a set of cards with the words and a separate set of cards with the definitions. Then, students lay the cards out on the table and play concentration. The goal of the game is to match vocabulary words with their definitions.
- Students can create word journal entries about the words. Students choose words they think are important and then describe why they think each word is important within the novel.

How to Use This Literature Guide (cont.)

Analyzing the Literature

After students have read each section, hold small-group or whole-class discussions. Questions are written at two levels of complexity to allow you to decide which questions best meet the needs of your students. The Level 1 questions are typically less abstract than the Level 2 questions. Level 1 is indicated by a square, while Level 2 is indicated by a triangle. These questions focus on the various story elements, such as character, setting, and plot. Student pages are provided if you want to assign these questions for individual student work before your group discussion. Be sure to add further questions as your students discuss what they've read. For each question, a few key points are provided for your reference as you discuss the novel with students.

Reader Response

In today's classrooms, there are often great readers who are below average writers. So much time and energy is spent in classrooms getting students to read on grade level, that little time is left to focus on writing skills. To help teachers include more writing in their daily literacy instruction, each section of this guide has a literature-based reader response prompt. Each of the three genres of writing is used in the reader responses within this guide: narrative, informative/explanatory, and argument. Students have a choice between two prompts for each reader response. One response requires students to make connections between the reading and their own lives. The other prompt requires students to determine text-to-text connections or connections within the text.

Close Reading the Literature

Within each section, students are asked to closely reread a short section of text. Since some versions of the novels have different page numbers, the selections are described by chapter and location, along with quotations to guide the readers. After each close reading, there are text-dependent questions to be answered by students.

Encourage students to read each question one at a time and then go back to the text and discover the answer. Work with students to ensure that they use the text to determine their answers rather than making unsupported inferences. Once students have answered the questions, discuss what they discovered. Suggested answers are provided in the answer key.

How to Use This Literature Guide (cont.)

Close Reading the Literature (cont.)

The generic, open-ended stems below can be used to write your own text-dependent questions if you would like to give students more practice.

- ¿Qué palabras del cuento respaldan...?
- ¿Qué texto te ayuda a entender...?
- Usa el libro para explicar por qué sucedió...
- Basándote en los sucesos del cuento, ¿...?
- Muéstrame la parte del texto que apoya...
- Usa el texto para explicar por qué...

Making Connections

The activities in this section help students make cross-curricular connections to writing, mathematics, science, social studies, or the fine arts. Each of these types of activities requires higher-order thinking skills from students.

Creating with the Story Elements

It is important to spend time discussing the common story elements in literature. Understanding the characters, setting, and plot can increase students' comprehension and appreciation of the story. If teachers discuss these elements daily, students will more likely internalize the concepts and look for the elements in their independent reading. Another important reason for focusing on the story elements is that students will be better writers if they think about how the stories they read are constructed.

Students are given three options for working with the story elements. They are asked to create something related to the characters, setting, or plot of the novel. Students are given a choice on this activity so that they can decide to complete the activity that most appeals to them. Different multiple intelligences are used so that the activities are diverse and interesting to all students.

How to Use This Literature Guide *(cont.)*

Culminating Activity

This open-ended, cross-curricular activity requires higher-order thinking and allows for a creative product. Students will enjoy getting the chance to share what they have discovered through reading the novel. Be sure to allow them enough time to complete the activity at school or home.

Comprehension Assessment

The questions in this section are modeled after current standardized tests to help students analyze what they've read and prepare for tests they may see in their classrooms. The questions are dependent on the text and require critical-thinking skills to answer.

Response to Literature

The final post-reading activity is an essay based on the text that also requires further research by students. This is a great way to extend this book into other curricular areas. A suggested rubric is provided for teacher reference.

Correlation to Standards

Shell Education is committed to producing educational materials that are research and standards based. To support this effort, this resource is correlated to the academic standards of all 50 states, the District of Columbia, the Department of Defense Dependent Schools, an d the Canadian provinces. A correlation is also provided for key professional educational organizations.

To print a customized correlation report of this product for your state, visit our website at **www.tcmpub.com/administrators/correlations/** and follow the online directions. If you require assistance in printing correlation reports, please contact the Customer Service Department at 1-800-858-7339.

Standards Overview

The Every Student Succeeds Act (ESSA) mandates that all states adopt challenging academic standards that help students meet the goal of college and career readiness. While many states already adopted academic standards prior to ESSA, the act continues to hold states accountable for detailed and comprehensive standards. Standards are designed to focus instruction and guide adoption of curricula. They define the knowledge, skills, and content students should acquire at each level. Standards are also used to develop standardized tests to evaluate students' academic progress. State standards are used in the development of our resources, so educators can be assured they meet state academic requirements.

Correlation to Standards (cont.)

Standards Correlation Chart

The lessons in this guide were written to support today's college and career readiness standards. This chart indicates which sections of this guide address which standards.

College and Career Readiness Standard	Section
Read closely to determine what the text says explicitly and to make logical inferences from it; cite specific textual evidence when writing or speaking to support conclusions drawn from the text.	Close Reading the Literature Sections 1–5; Analyzing the Literature Sections 1–5; Making Connections Section 3; Creating with the Story Elements Sections 1–5; Culminating Activity
Determine central ideas or themes of a text and analyze their development; summarize the key supporting details and ideas.	Creating with the Story Elements Sections 1–2; Making Connections Section 1; Culminating Activity; Post-Reading Theme Thoughts
Analyze how and why individuals, events, or ideas develop and interact over the course of a text.	Analyzing the Literature Sections 1–5; Creating with the Story Elements Sections 1–3, 5; Culminating Activity
Interpret words and phrases as they are used in a text, and analyze how specific word choices shape meaning or tone.	Vocabulary Sections 1–5
Read and comprehend complex literary and informational texts independently and proficiently.	Entire Unit
Write arguments to support claims in an analysis of substantive topics or texts using valid reasoning and relevant and sufficient evidence.	Close Reading the Literature Sections 1–5; Creating with the Story Elements Section 1; Reader Response Sections 1–3, 5
Write informative/explanatory texts to examine and convey complex ideas and information clearly and accurately through the effective selection, organization, and analysis of content.	Reader Response Sections 2–5; Post-Reading Response to Literature
Write narratives to develop real or imagined experiences or events using effective technique, well-chosen details and well-structured event sequences.	Reader Response Sections 1, 4; Creating with the Story Elements Sections 2–5
Produce clear and coherent writing in which the development, organization, and style are appropriate to task, purpose, and audience.	Reader Response Sections 1–5; Making Connections Section 3; Creating with the Story Elements Sections 1–5; Post-Reading Response to Literature

Correlation to Standards (cont.)

Standards Correlation Chart (cont.)

College and Career Readiness Standard	Section
Conduct short as well as more sustained research projects based on focused questions, demonstrating understanding of the subject under investigation.	Making Connections Sections 1–3, 5; Post-Reading Response to Literature; Culminating Activity
Demonstrate command of the conventions of standard English grammar and usage when writing or speaking.	Analyzing the Literature 1–5; Creating with the Story Elements Sections 1–5; Making Connections Section 3; Post-Reading Response to Literature; Culminating Activity
Apply knowledge of language to understand how language functions in different contexts, to make effective choices for meaning or style, and to comprehend more fully when reading or listening.	Analyzing the Literature Sections 1–5; Comprehension Assessment
Determine or clarify the meaning of unknown and multiple-meaning words and phrases by using context clues, analyzing meaningful word parts, and consulting general and specialized reference materials, as appropriate.	Vocabulary Sections 1–5
Acquire and use accurately a range of general academic and domain-specific words and phrases sufficient for reading, writing, speaking, and listening at the college and career readiness level; demonstrate independence in gathering vocabulary knowledge when encountering an unknown term important to comprehension or expression.	Vocabulary Sections 1–5

About the Author—Scott O'Dell

Scott O'Dell was born in Los Angeles, California, in 1898. As a child, he lived in various places in southern California, including San Pedro and Rattlesnake Island. Early on, O'Dell developed a fascination with the ocean, which would later be apparent in his writing. O'Dell's college career included stints at universities located in southern and northern California, Wisconsin, and Italy.

O'Dell's first career was in California's thriving film industry. He held many jobs in this field, working in script reading, set dressing, and even as a cameraman. During this time, O'Dell worked on his writing and even completed a novel, *Pinfeathers*, which was never published. His first published novel, the adult book *Woman of Spain*, was released in 1934. Over the next 25 years, O'Dell built a career writing for a variety of mediums. He wrote articles for newspapers and magazines, worked as a magazine editor and as a book editor for the *Los Angeles Daily News*. He also published several nonfiction books and novels for adults.

While doing research for one of his nonfiction books, O'Dell came across the story of the Lone Woman of San Nicolas Island. This true story inspired him to write the fictional account *Island of the Blue Dolphins*. He did not realize that it was a children's book until he showed it to an author friend, Maud Lovelace, and she convinced him of it. The novel, O'Dell's first work for juveniles, was published in 1960 and became a best seller and a critical success. It won the Newbery Medal from the American Library Association, as well as many other honors. In 1976, it was named one of the ten best American children's books by the Children's Literature Association.

O'Dell's second writing career, as a children's author, was wildly successful. He wrote 25 more children's books, and three of his novels—*The King's Fifth*, *The Black Pearl*, and *Sing Down the Moon*— became Newbery Honor books. His stories are still widely read today. In fact, their themes seem to become more, not less, relevant with each passing year. O'Dell continued writing until his death, at age 91, in 1989.

Possible Texts for Text Comparisons

Scott O'Dell wrote many books that share themes and style with *La isla de los delfines azules*. *La perla negra*, written in 1967, follows the adventures of a 16-year-old boy named Ramón Salazar. The book *El quinto real* is told through the eyes of a teenage Spanish mapmaker named Esteban de Sandoval. *Zía* is the sequel to *La isla de los delfines azules*. This story is narrated by Zía, the 14-year-old niece of the previous novel's Karana.

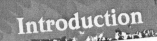
Book Summary of *Island of the Blue Dolphins*

Karana, a 12-year-old girl, lives with her family and the members of her tribe on a small, isolated island off the coast of California. The village faces trouble when a Russian ship arrives with a large group of Aleuts who wish to hunt sea otters near the island. Karana's father, Chief Chowig, makes a trade agreement with the new arrivals and allows them to stay on the island and hunt in the surrounding waters.

When the visitors attempt to leave the island without honoring their agreement, the chief confronts their leader and a battle breaks out. Almost all of the island's men, including Chief Chowig, are killed. The remaining villagers are left to survive on their own, but island life proves difficult for them both physically and emotionally.

The new chief decides that the tribe should leave the island. He paddles east in search of help, and eventually a ship arrives to transport the remaining villagers to the mainland. Karana excitedly packs her belongings and boards the ship, only to realize that her young brother, Ramo, is not aboard. Desperate, she dives off the ship and swims to shore, as the ship sails away and leaves them behind.

The rest of the novel tells the story of Karana's many years alone on her island (Ramo dies only a few days after they are abandoned). Karana realizes that the ship will not return for her, and that she must find a way to live on her own. She struggles to build a home for herself, to feed herself, to endure the loneliness of her isolation, and to survive the island's many dangers, which include natural disasters, wild animals, and the return of the people who killed most of her tribe. After many years, Karana is finally rescued; the novel concludes with her at last aboard a ship, headed toward California.

Cross-Curricular Connection

Island of the Blue Dolphins can be used in conjunction with units on American Indians, survival, geographic landforms, or animal wildlife.

Possible Texts for Text Sets

- George, Jean Craighead. *Julie of the Wolves*. HarperCollins, 1997.
- George, Jean Craighead. *My Side of the Mountain*. Puffin Books, 2001.
- Paulsen, Gary. *Hatchet*. Simon & Schuster Books for Young Readers, 2007.
- Speare, Elizabeth George. *The Sign of the Beaver*. HMH Books for Young Readers, 1983.
- Sperry, Armstrong. *Call it Courage*. Aladdin, 1990.

Nombre _____

Fecha _____

Prelectura: pensamientos sobre el tema

Instrucciones: Lee cada una de las afirmaciones de la primera columna. Determina si estás de acuerdo o no con las afirmaciones. Registra tu opinión marcando una X en De acuerdo o En desacuerdo para cada afirmación. Explica tus respuestas en la cuarta columna. No hay respuestas correctas o incorrectas.

Afirmación	De acuerdo	En desacuerdo	Explica tu respuesta
Es aceptable cazar animales para obtener su piel o su pelaje.			
Vengarse es una manera constructiva de expresar el enojo.			
Estar solo es la mejor manera de aprender a sobrevivir.			
Las mujeres pueden lograr cualquier cosa que los hombres pueden lograr.			

Vocabulary Overview

Ten key words from this section are provided below with definitions and sentences about how the words are used in the book. Choose one of the vocabulary activity sheets (pages 15 or 16) for students to complete as they read this section. Monitor students as they work to ensure the definitions they have found are accurate and relate to the text. Finally, discuss these important vocabulary words with students. If you think these words or other words in the section warrant more time devoted to them, there are suggestions in the introduction for other vocabulary activities (page 5).

Palabra	Definición	Oración sobre el texto
a la sazón (c. 1)	en ese tiempo	Karana tenía **a la sazón** doce años.
agudeza (c. 1)	intensidad	Cuando Ramo tiene los ojos entrecerrados es cuando ve con más **agudeza**.
meseta (c. 1)	un accidente geográfico aislado con lados escarpados y una cima plana	Las mujeres se congregaron a la orilla de la **meseta** para ver llegar el barco ruso.
leguas (c. 2)	unidades de distancia variables, normalmente de unas tres millas	La isla de los delfines azules tiene dos **leguas** de largo y una de ancho.
cormorán (c. 2)	un ave marina de cuello largo, con un pico largo y de punta doblada	El capitán Orlov se peina la barba hasta dejársela reluciente como el ala de un **cormorán**.
restos (c. 3)	cuerpos muertos	A la mañana siguiente la playa estaba sembrada de **restos**.
farallón (c. 3)	una roca alta que sobresale en el mar	Se asomaban cada noche al **farallón** para contar el número de capturas.
fardos (c. 4)	paquetes o bultos apretados	Las rocas y la playa aparecían casi llenas de **fardos** de pieles de nutria.
holgazanes (c. 5)	personas que no quieren trabajar	Cuando Kimki reparte el trabajo entre todos, sabe que habrá algunos **holgazanes**.
ahínco (c. 5)	empeño y eficacia con que se hace algo	Las mujeres trabajaban con tanto **ahínco** que la alimentación mejoró.

Comprensión de las palabras del vocabulario

Instrucciones: Las siguientes palabras aparecen en esta sección del libro. Utiliza claves del contexto y material de referencia para determinar una definición precisa de cada palabra.

Palabra	Definición
a la sazón (c. 1)	
agudeza (c. 1)	
meseta (c. 1)	
leguas (c. 2)	
cormorán (c. 2)	
restos (c. 3)	
farallón (c. 3)	
fardos (c. 4)	
holgazanes (c. 5)	
ahínco (c. 5)	

Nombre _____

Fecha _____

Actividad de vocabulario durante la lectura

Instrucciones: Mientras lees estos capítulos, anota al menos ocho palabras importantes en los renglones. Intenta hallar palabras que sean interesantes, difíciles, intrigantes, especiales o graciosas. Tus palabras pueden ser largas o cortas. Pueden ser difíciles o fáciles de deletrear. Después de cada palabra, defínela utilizando claves del contexto en el libro y material de referencia.

- _____
- _____
- _____
- _____
- _____
- _____
- _____
- _____
- _____
- _____

Instrucciones: Responde las preguntas sobre las palabras de esta sección.

1. ¿ Por qué las mujeres del poblado se congregaron en la **meseta** cuando llegaron los cazadores?

_____

_____

2. ¿ Cómo cambian los **restos** de las nutrias la apariencia de la Caleta del Coral?

_____

_____

Analyzing the Literature

Provided below are discussion questions you can use in small groups, with the whole class, or for written assignments. Each question is given at two levels so you can choose the right question for each group of students. Activity sheets with these questions are provided (pages 18–19) if you want students to write their responses. For each question, a few key discussion points are provided for your reference.

Story Element	■ Level 1	▲ Level 2	Key Discussion Points
Setting	¿Cómo describe Karana la isla de los delfines azules?	¿Cuáles son algunos de los accidentes geográficos de la isla de los delfines azules? ¿Parece ser un lugar agradable para vivir?	The island is two leagues long and one league wide. The island is shaped like a fish or a dolphin. It is very windy, almost treeless, and features springs, mesas, cliffs, rocky ledges, hills, reefs, canyons, and coves. Opinions about how livable the island is may vary.
Characters	¿Por qué el jefe Chowig se niega a compartir las lubinas de la tribu con los cazadores aleutianos?	El jefe Chowig desconfía de los visitantes aleutianos. ¿Por qué se siente de esa manera?	Chief Chowig refuses the Aleuts' request for fish because he believes the hunters are capable of fishing for themselves. The chief also feels that his first priority is feeding his own people. In their past visit, the Aleuts forced the islanders to do all the hunting. This has made Chief Chowig distrust the Aleut people.
Plot	¿Qué trato hacen el jefe Chowig y el capitán Orlov entre sí?	¿Qué le ofrece el capitán Orlov a la tribu como pago después de la cacería? ¿Crees que tenía la intención de cumplir con los términos del trato original?	Chief Chowig asks for equal shares of goods to be paid for the otter pelts that are collected. Captain Orlov reluctantly agrees. However, once it is time to pay, Captain Orlov offers only one chest filled with beaded necklaces. His evasiveness and dishonesty make it apparent that he did not intend to deal honestly with Chief Chowig.
Plot	¿Qué decide hacer Kimki para salvar a los miembros de su tribu en apuros?	Identifica algunos peligros a los que podría enfrentarse Kimki en su viaje en el océano. ¿Parece ser su plan una buena idea?	Kimki decides to head east in a canoe to a land he visited as a boy. Once there, he will make a new place for the tribe to start fresh. He faces many possible dangers alone on the open sea, such as storms, leaks in his canoe, thirst, hunger, and getting lost. Opinions about the merit of his plan may vary.

Nombre _____

Fecha _____

◼ Análisis de la literatura

Instrucciones: Piensa sobre la sección que acabas de leer. Lee cada pregunta y expón tu respuesta con pruebas del texto.

1. ¿Cómo describe Karana la isla de los delfines azules?

   _____

   _____

   _____

   _____

2. ¿Por qué el jefe Chowig se niega a compartir las lubinas de la tribu con los cazadores aleutianos?

   _____

   _____

   _____

   _____

3. ¿Qué trato hacen el jefe Chowig y el capitán Orlov entre sí?

   _____

   _____

   _____

   _____

4. ¿Qué decide hacer Kimki para salvar a los miembros de su tribu en apuros?

   _____

   _____

   _____

   _____

Nombre _____

Fecha _____

▲ Análisis de la literatura

Instrucciones: Piensa sobre la sección que acabas de leer. Lee cada pregunta y expón tu respuesta con pruebas del texto.

1. ¿Cuáles son algunos de los accidentes geográficos de la isla de los delfines azules? ¿Parece ser un lugar agradable para vivir?

   _____

   _____

   _____

   _____

2. El jefe Chowig desconfía de los visitantes aleutianos. ¿Por qué se siente de esa manera?

   _____

   _____

   _____

   _____

3. ¿Qué le ofrece el capitán Orlov a la tribu como pago después de la cacería? ¿Crees que tenía la intención de cumplir con los términos del trato original?

   _____

   _____

   _____

   _____

4. Identifica algunos peligros a los que podría enfrentarse Kimki en su viaje en el océano. ¿Parece ser su plan una buena idea?

   _____

   _____

   _____

Nombre _____

Fecha _____

Reflexión del lector

Instrucciones: Elige y contesta uno de los siguientes temas sobre esta sección. Asegúrate de incluir una oración temática, de utilizar pruebas del texto para respaldar tu opinión y de proveer una conclusión sólida que resuma tu opinión.

Temas de escritura

- **Escrito de opinión/argumento:** ¿Cómo se compara tu vida con la de Karana? ¿Qué cosas tienen en común? ¿Cuáles son algunas de las diferencias?
- **Escrito narrativo:** ¿Qué te parece la petición de los aleutianos de cazar y matar a las nutrias? Si fueras el jefe Chowig, ¿cómo habrías respondido a esta petición?

_____

_____

_____

_____

_____

_____

_____

_____

_____

_____

_____

_____

_____

_____

Nombre _____

Fecha _____

Lectura enfocada de la literatura

Instrucciones: Vuelve a leer con atención la sección del capítulo 4 cuando comienza la batalla. Empieza con: "En realidad, no sé lo que ocurrió primero, si fue mi padre [...]". Lee hasta el final del capítulo. Lee cada pregunta a continuación y vuelve al texto para hallar pruebas que respalden tu respuesta.

1. ¿Por qué motivos Karana no puede determinar qué ocurre entre su padre y el cazador aleutiano cuando comienza la batalla?

   _____

   _____

   _____

2. Utiliza detalles del texto para describir el papel de Karana y el de Ulape durante la batalla.

   _____

   _____

   _____

3. En un momento dado, Karana ve una nubecilla blanca aparecer en un costado del barco. Luego oye un fuerte ruido hacer eco en los farallones y ve a cinco de los guerreros de la tribu inmóviles. Haz uso de esos detalles para explicar lo que crees que está ocurriendo.

   _____

   _____

   _____

4. Según el texto, ¿qué cree Karana que debilitó a su padre y por lo tanto hizo que no pudiera sobrevivir a la batalla?

   _____

   _____

   _____

Nombre _____

Fecha _____

Participa en el tema: la vida silvestre de California

Instrucciones: En los primeros capítulos de *La isla de los delfines azules* se mencionan muchos tipos de animales que son comunes en la costa de California. ¿Cuántos puedes hallar? Haz una lista de los animales que descubras. Utiliza libros o Internet para investigar datos sobre cada animal. Crea un afiche para presentar tu información. Incluye datos tales como el hábitat, la dieta, la apariencia, el período de vida y cualquier otra característica en la que puedas pensar. Utiliza el espacio a continuación para crear un borrador de tu afiche.

Nombre _____

Fecha _____

Exprésate con los elementos del texto

Instrucciones: Para comprender qué sucede en una novela y por qué, es muy importante pensar en los elementos del texto de personaje, escenario y trama. Completa **una** de las siguientes actividades basándote en lo que has leído hasta ahora. ¡Sé creativo y diviértete!

Personajes

El capitán Orlov nunca le revela su verdadero plan al pueblo de Karana. Sin embargo, seguramente le habrá hecho saber a su gente lo que planeaba hacer. Imagina que eres el capitán Orlov. Escribe un discurso de dos o tres párrafos que podrías dirigir a tu gente para explicarles tu plan para obtener las pieles de las nutrias marinas sin pagar lo justo por ellas.

Escenario

Dibuja un mapa físico de una isla que tenga la forma del animal que tú quieras. Dibuja distintos accidentes geográficos en el mapa y rotúlalos. Indica dónde se debería ubicar un pueblo. Dale a tu isla un nombre relacionado con el animal que escogiste.

Trama

En la tribu de Karana muchos trabajos siempre los hacían los hombres y otros trabajos siempre los hacían las mujeres. Después de la batalla esto debe cambiar. Las mujeres y los niños deben hacer nuevas tareas para poder sobrevivir. Haz dibujos que muestren algunos de los trabajos que antes los hacían solo los hombres pero que ahora se han reasignado. Asegúrate de incluir las tareas que se les dan a Karana, Ulape y Ramo.

Vocabulary Overview

Ten key words from this section are provided below with definitions and sentences about how the words are used in the book. Choose one of the vocabulary activity sheets (pages 25 or 26) for students to complete as they read this section. Monitor students as they work to ensure the definitions they have found are accurate and relate to the text. Finally, discuss these important vocabulary words with students. If you think these words or other words in the section warrant more time devoted to them, there are suggestions in the introduction for other vocabulary activities (page 5).

Palabra	Definición	Oración sobre el texto
punzón (c. 6)	un instrumento terminado en punta que sirve para abrir agujeros en algún objeto	Karana lleva en dos cestas sus herramientas, entre ellas agujas, un **punzón**, un cuchillo y dos cazuelas.
desenfrenado (c. 6)	que se comporta con violencia	La espuma del **desenfrenado** oleaje los bañaba por entero.
abatimiento (c. 6)	estado de sentirse sin ánimos ni fuerzas	La expresión de **abatimiento** de Ramo hace que Karana se olvide de lo molesta que está con él.
amainó (c. 6)	perdió su fuerza	El viento **amainó**, y gracias a la luz de la luna pudieron llegar al poblado.
cenit (c. 7)	punto donde el sol se encuentra directamente sobre el observador	Karana y Ramo terminaron su trabajo antes de que el sol alcanzara su **cenit**.
chucherías (c. 8)	cosas de poca importancia, pero finas y bonitas	Karana alza algunas **chucherías** para verlas al trasluz.
tendones (c. 8)	tejidos que unen los músculos con los huesos	Para fabricar una lanza, Karana ata una raíz a un palo largo usando **tendones** de foca.
achicar (c. 9)	extraer agua	Karana detenía su navegación para **achicar** el agua de vez en cuando.
límpida (c. 10)	clara, limpia	La mañana era **límpida**, pero hacia el norte se presentaban unos nubarrones blancos.
copiosamente (c. 10)	de manera abundante	Por la noche llovió **copiosamente**.

Comprensión de las palabras del vocabulario

Instrucciones: Las siguientes palabras aparecen en esta sección del libro. Utiliza claves del contexto y material de referencia para determinar una definición precisa de cada palabra.

Palabra	Definición
punzón (c. 6)	
desenfrenado (c. 6)	
abatimiento (c. 6)	
amainó (c. 6)	
cenit (c. 7)	
chucherías (c. 8)	
tendones (c. 8)	
achicar (c. 9)	
límpida (c. 10)	
copiosamente (c. 10)	

Nombre _____

Fecha _____

Actividad de vocabulario durante la lectura

Instrucciones: Mientras lees estos capítulos, anota al menos ocho palabras importantes en los renglones. Intenta hallar palabras que sean interesantes, difíciles, intrigantes, especiales o graciosas. Tus palabras pueden ser largas o cortas. Pueden ser difíciles o fáciles de deletrear. Después de cada palabra, defínela utilizando claves del contexto en el libro y material de referencia.

- _____
- _____
- _____
- _____
- _____
- _____
- _____
- _____
- _____

Instrucciones: Responde las preguntas sobre las palabras de esta sección.

1. ¿Por qué arroja Karana las **chucherías** al océano?

_____

_____

2. ¿Por qué tiene Ramo una expresión de **abatimiento** cuando Karana llega a la orilla?

_____

_____

Analyzing the Literature

Provided below are discussion questions you can use in small groups, with the whole class, or for written assignments. Each question is given at two levels so you can choose the right question for each group of students. Activity sheets with these questions are provided (pages 28–29) if you want students to write their responses. For each question, a few key discussion points are provided for your reference.

Story Element	■ Level 1	▲ Level 2	Key Discussion Points
Character	¿Por qué no espera el barco a Ramo?	¿Qué decisión precipitada debe tomar Karana cuando el barco está por partir? ¿Qué harías tú en esa situación?	Karana sees Ramo on shore and realizes that her brother did not make it aboard the ship. The seas are stormy, and the ship will be driven into the rocks if it remains longer. Karana makes a split-second decision to dive into the water and swim to shore rather than leave her brother all alone.
Plot	¿Qué le ocurre a Ramo cuando sale solo al acantilado?	Karana es considerada, mientras que Ramo es inmaduro e impulsivo. ¿Cómo provoca su personalidad lo que le ocurre?	Ramo is attacked by the wild dogs and killed before he ever reaches the cliff. He tries to defend himself, and he kills two dogs but is overcome. Karana had warned Ramo that he was still a young boy, not a man. She did not want him roaming the island alone. But he did not listen, and it led to his death.
Setting	¿Qué le hace Karana al poblado una vez que se da cuenta de que nadie volverá?	¿Por qué crees que Karana le prende fuego a las cabañas del poblado?	After Ramo's death, Karana finds living in the village intolerable. She is haunted by the memories of the people who used to live there. To distance herself from her old life and the death of her brother, she decides to set the village on fire and move to another area.
Plot	Describe el proceso que sigue Karana para fabricar su primera lanza. ¿Le es fácil?	¿Por qué al principio Karana estaba reacia a construir armas? ¿Por qué crees que cambió de opinión?	Karana uses the root of a tree, which she shapes to a point and hardens in a fire. She attaches this to a wood shaft using the sinews of a seal she kills. Karana is reluctant to make the weapon because the laws of her tribe forbid women from making weapons. She fears that there will be terrible repercussions if she breaks this law. However, after much contemplation and a visit from the wild dogs, necessity overrules her fear.

Nombre _____

Fecha _____

Análisis de la literatura

Instrucciones: Piensa sobre la sección que acabas de leer. Lee cada pregunta y expón tu respuesta con pruebas del texto.

1. ¿Por qué no espera el barco a Ramo?

   _____

   _____

   _____

   _____

2. ¿Qué le ocurre a Ramo cuando sale solo al acantilado?

   _____

   _____

   _____

   _____

3. ¿Qué le hace Karana al poblado una vez que se da cuenta de que nadie volverá?

   _____

   _____

   _____

   _____

4. Describe el proceso que sigue Karana para fabricar su primera lanza. ¿Le es fácil?

   _____

   _____

   _____

   _____

Nombre _____

Fecha _____

▲ Análisis de la literatura

Instrucciones: Piensa sobre la sección que acabas de leer. Lee cada pregunta y expón tu respuesta con pruebas del texto.

1. ¿Qué decisión precipitada debe tomar Karana cuando el barco está por partir? ¿Qué harías tú en esa situación?

_____
_____
_____
_____

2. Karana es considerada, mientras que Ramo es inmaduro e impulsivo. ¿Cómo provoca su personalidad lo que le ocurre?

_____
_____
_____
_____

3. ¿Por qué crees que Karana le prende fuego a las cabañas del poblado?

_____
_____
_____
_____

4. ¿Por qué al principio Karana estaba reacia a construir armas? ¿Por qué crees que cambió de opinión?

_____
_____
_____

Nombre _____

Fecha _____

Reflexión del lector

Instrucciones: Elige y contesta uno de los siguientes temas sobre esta sección. Asegúrate de incluir una oración temática, de utilizar pruebas del texto para respaldar tu opinión y de proveer una conclusión sólida que resuma tu opinión.

Temas de escritura

- **Escrito informativo/explicativo:** Karana se ve obligada a decidir rápidamente qué pertenencias llevará consigo a su nueva vida. Si estuvieras en una situación parecida, ¿qué cosas te llevarías? Explica por qué te llevarías cada una.
- **Escrito de opinión/argumento:** Analiza algunos de los peligros a los que se enfrenta Karana después de que queda sola. ¿Qué sugerencias o consejos le ofrecerías como ayuda?

_____

_____

_____

_____

_____

_____

_____

_____

_____

_____

_____

_____

Nombre

Fecha

Lectura enfocada de la literatura

Instrucciones: Vuelve a leer con atención la sección del capítulo 9 cuando comienza la batalla. Empieza con: "La aparición de la primera estrella me tranquilizó un tanto. Apareció frente a mi canoa [...]". Sigue leyendo hasta: "Mi única salida residía en dar vuelta y navegar hacia la isla". Lee cada pregunta a continuación y vuelve al texto para hallar pruebas que respalden tu respuesta.

1. Utiliza el texto para describir cómo es que Karana sabe que va en la dirección correcta cuando está en alta mar.

   _____

   _____

   _____

2. Según el texto, ¿qué utiliza Karana para taponar la hendidura en la canoa?

   _____

   _____

3. Utiliza pruebas del texto para explicar por qué Karana vacila en regresar a la isla a pesar de saber que es la opción más segura.

   _____

   _____

   _____

4. ¿Qué acontecimiento específico causa que Karana tome la difícil decisión de volver?

   _____

   _____

   _____

Nombre _____

Fecha _____

Participa en el tema: calendario lunar

Karana y su tribu llevan un registro del tiempo usando el sol y la luna. El sol se usa para llevar un registro de los días y el ciclo de la luna se usa para llevar un registro de los meses. (Un ciclo lunar dura alrededor de $29\frac{1}{2}$ días). Investiga cómo se ve la luna a diario durante un ciclo lunar.

Instrucciones: Llena el calendario a continuación. Para cada día, incluye lo siguiente:

- Un dibujo de la luna como se ve en ese día del ciclo lunar.
- Una nota que Karana podría escribir para ese día. Podría ser una tarea que debe completar, algo que ve y quiere recordar o simplemente un pensamiento que tiene. Algunos ejemplos son "Levantar una valla" u "Ojalá fuera más fuerte".

Domingo	Lunes	Martes	Miércoles	Jueves	Viernes	Sábado
	1 ● *Ojalá fuera más fuerte.*	2	3	4	5	6
7	8	9	10	11	12	13
14	15	16	17	18	19	20
21	22	23	24	25	26	27
28	29	30				

Nombre _____

Fecha _____

Exprésate con los elementos del texto

Instrucciones: Para comprender qué sucede en una novela y por qué, es muy importante pensar en los elementos del texto de personaje, escenario y trama. Completa **una** de las siguientes actividades basándote en lo que has leído hasta ahora. ¡Sé creativo y diviértete!

Personajes

Escribe una entrada en el diario de Karana para describir cómo se siente una vez que llega el invierno y se da cuenta de que el barco no volverá. Escribe en primera persona e incluye detalles sobre lo que está pensando y qué planea hacer para asegurar su supervivencia.

Escenario

El viento es una característica importante del clima de la isla. Haz una lista de los efectos útiles y de los efectos dañinos del viento. Intenta incluir al menos cinco ejemplos de cada tipo.

Trama

Haz un dibujo que ilustre el momento en que Karana se da cuenta de que su hermano no está en el barco. Muestra a Ramo en tu dibujo e incluye tantos detalles como sea posible.

Vocabulary Overview

Ten key words from this section are provided below with definitions and sentences about how the words are used in the book. Choose one of the vocabulary activity sheets (pages 35 or 36) for students to complete as they read this section. Monitor students as they work to ensure the definitions they have found are accurate and relate to the text. Finally, discuss these important vocabulary words with students. If you think these words or other words in the section warrant more time devoted to them, there are suggestions in the introduction for other vocabulary activities (page 5).

Palabra	Definición	Oración sobre el texto
guarecerme (c. 11)	refugiarme	No quería **guarecerme** en el refugio hasta estar a salvo de los perros salvajes.
peliaguda (c. 12)	una cosa difícil de resolver	Que las elefantas marinas empujen sus crías hacia el agua es una cosa **peliaguda** debido a su gran peso.
calafateado (c. 13)	cerrado con brea para que no entre agua	El cesto **calafateado** en que guardaba el agua quedó vacío.
cejó (c. 13)	cedió en el intento	En cuanto el perro vio a Karana, **cejó** de olisquear.
de bruces (c. 13)	de cara al suelo	Karana se tumbó **de bruces** y empezó a beber ansiosamente.
merced a (c. 14)	gracias a	La manada se volvió más audaz **merced a** la actividad del perro gris.
flanco (c. 14)	el lado de algo	Karana se aproxima a la guarida desde un **flanco**.
izada (c. 15)	subida tirando de la cuerda de la que está colgada	La canoa podía ser **izada** a un lugar difícil de encontrar.
proa (c. 15)	la parte delantera de una embarcación	*Rontu* estaba de pie en la **proa**.
bestezuela (c. 15)	una bestia pequeña	*Rontu* tiene mucho que aprender de la **bestezuela** que ven él y Karana.

Comprensión de las palabras del vocabulario

Instrucciones: Las siguientes palabras aparecen en esta sección del libro. Utiliza claves del contexto y material de referencia para determinar una definición precisa de cada palabra.

Palabra	Definición
guarecerme (c. 11)	
peliaguda (c. 12)	
calafateado (c. 13)	
cejó (c. 13)	
de bruces (c. 13)	
merced a (c. 14)	
flanco (c. 14)	
izada (c. 15)	
proa (c. 15)	
bestezuela (c. 15)	

Nombre _____

Fecha _____

Actividad de vocabulario durante la lectura

Instrucciones: Mientras lees estos capítulos, anota al menos ocho palabras importantes en los renglones. Intenta hallar palabras que sean interesantes, difíciles, intrigantes, especiales o graciosas. Tus palabras pueden ser largas o cortas. Pueden ser difíciles o fáciles de deletrear. Después de cada palabra, defínela utilizando claves del contexto en el libro y material de referencia.

- _____
- _____
- _____
- _____
- _____
- _____
- _____
- _____
- _____
- _____

Instrucciones: Ahora, organiza tus palabras. Reescribe cada una de tus palabras en una nota adhesiva. Trabaja en equipo para crear una gráfica de barras de las palabras. Apilen las palabras que son iguales una encima de otra. Las palabras distintas van en columnas distintas. Por último, comenta con tus compañeros sobre por qué ciertas palabras se escogieron más que otras.

Analyzing the Literature

Provided below are discussion questions you can use in small groups, with the whole class, or for written assignments. Each question is given at two levels so you can choose the right question for each group of students. Activity sheets with these questions are provided (pages 38–39) if you want students to write their responses. For each question, a few key discussion points are provided for your reference.

Story Element	■ Level 1	▲ Level 2	Key Discussion Points
Plot	¿Qué problemas le causa a Karana la lesión en la pierna?	La lesión de Karana hace que se sienta vulnerable. ¿Qué decide que debe hacer en caso de que se lastime de nuevo?	Karana's leg swells so badly that she cannot leave her home. After five days she is forced to crawl to the spring to get water. Once there, she realizes the wild dog pack is stalking her. She takes refuge in a cave, and then decides to set it up as a second home for when she gets injured or sick. Karana stocks it well. She is now thinking and planning ahead.
Plot	¿Cómo obliga Karana a los perros a salir de su guarida?	¿Cómo se comporta el líder de los perros cuando sale de la cueva? ¿Parece ser distinto a los demás perros?	Karana sets fire to some brush and moves it into the entrance of the dogs' lair. The dogs are forced out because of the smoke. Most of the dogs run away. However the leader does not run. He stays by the entrance of the cave and does not seem frightened of Karana. She shoots him in the chest with an arrow and wounds him.
Character	¿De qué manera tener a *Rontu* hace que la vida de Karana sea mejor?	Karana dice que ignora lo que habría hecho si no tuviera a *Rontu*. ¿Qué crees que quiere decir con esto?	*Rontu* becomes a pet and provides comfort and companionship for Karana. Although Karana knows that the dog does not understand her, she is happy to have a friend of any kind.
Setting	Cuando Karana construye su nueva casa, ¿por qué construye primero una valla fuerte?	Karana piensa muy bien cómo va a construir su casa y le dedica mucho empeño. Considera el orden en que hace las cosas. ¿A qué cosas les da prioridad Karana?	Karana's first priorities are safety for herself and security for her food supply. She builds a fence to keep out wild dogs, foxes, and other animals. Her next concern is having a protected place to sleep. After she secures these things, she focuses on niceties like utensils, a fire pit, and food shelves.

Nombre _____

Fecha _____

Análisis de la literatura

Instrucciones: Piensa sobre la sección que acabas de leer. Lee cada pregunta y expón tu respuesta con pruebas del texto.

1. ¿Qué problemas le causa a Karana la lesión en la pierna?

_____

_____

_____

_____

2. ¿Cómo obliga Karana a los perros a salir de su guarida?

_____

_____

_____

_____

3. ¿De qué manera tener a *Rontu* hace que la vida de Karana sea mejor?

_____

_____

_____

_____

4. Cuando Karana construye su nueva casa, ¿por qué construye primero una valla fuerte?

_____

_____

_____

_____

Nombre _____

Fecha _____

▲ Análisis de la literatura

Instrucciones: Piensa sobre la sección que acabas de leer. Lee cada pregunta y expón tu respuesta con pruebas del texto.

1. La lesión de Karana hace que se sienta vulnerable. ¿Qué decide que debe hacer en caso de que se lastime de nuevo?

    _____

    _____

    _____

    _____

2. ¿Cómo se comporta el líder de los perros cuando sale de la cueva? ¿Parece ser distinto a los demás perros?

    _____

    _____

    _____

    _____

3. Karana dice que ignora lo que habría hecho si no tuviera a *Rontu*. ¿Qué crees que quiere decir con esto?

    _____

    _____

    _____

4. Karana piensa muy bien cómo va a construir su casa y le dedica mucho empeño. Considera el orden en que hace las cosas. ¿A qué cosas les da prioridad Karana?

    _____

    _____

    _____

Nombre _____

Fecha _____

Reflexión del lector

Instrucciones: Elige y contesta uno de los siguientes temas sobre esta sección. Asegúrate de incluir una oración temática, de utilizar pruebas del texto para respaldar tu opinión y de proveer una conclusión sólida que resuma tu opinión.

Temas de escritura

- **Escrito de opinión/argumento:** Karana está decidida a tomar venganza al matar a los perros que acabaron con la vida de su hermano. ¿Cómo te sientes sobre la venganza? ¿Qué ejemplos de venganza has experimentado o visto en tu propia vida?

- **Escrito informativo/explicativo:** ¿Qué preguntas te has planteado con respecto a la decisión de Karana de llevarse el perro herido a casa? Escribe dos preguntas y explica por qué te las planteas.

_____

_____

_____

_____

_____

_____

_____

_____

_____

_____

_____

_____

_____

Lectura enfocada de la literatura

Instrucciones: Vuelve a leer con atención la sección del capítulo 14 cuando comienza la batalla. Empieza con: "Me resulta imposible explicar cuál fue la causa de que al final no lanzara la flecha. Estaba allí encima de la roca...". Lee hasta el final del capítulo. Lee cada pregunta a continuación y vuelve al texto para hallar pruebas que respalden tu respuesta.

1. Según el texto, ¿qué razón da Karana de por qué no puede disparar una segunda flecha para acabar con la vida del perro?

   _____

   _____

   _____

2. Utiliza información del texto para describir cómo Karana limpia las heridas del perro.

   _____

   _____

   _____

3. Da ejemplos para mostrar cómo Karana cuida del animal una vez que lo lleva a casa.

   _____

   _____

   _____

4. ¿Qué comprende Karana cuando llega a casa al cuarto día y piensa que el perro se ha ido?

   _____

   _____

   _____

Nombre _____

Fecha _____

Participa en el tema: construcción del refugio

Instrucciones: En esta sección, Karana se ve en la obligación de dedicar bastante tiempo a construir un refugio. Haz un dibujo del refugio de Karana basándote en la descripción del texto. Después, busca en un libro o en Internet otros materiales de la naturaleza que se podrían usar en la construcción de un refugio. Agrégalos a tu dibujo. Escribe un párrafo donde explicas cómo estos materiales mejorarían el refugio de Karana.

Nombre _____

Fecha _____

Exprésate con los elementos del texto

Instrucciones: Para comprender qué sucede en una novela y por qué, es muy importante pensar en los elementos del texto de personaje, escenario y trama. Completa **una** de las siguientes actividades basándote en lo que has leído hasta ahora. ¡Sé creativo y diviértete!

Personajes

Al final del capítulo 15, Karana dice que se siente muy feliz. Toma el lugar de Karana y escribe una carta de una página que te gustaría enviarle a Ulape. Cuéntale las cosas emocionantes que han ocurrido últimamente. Incluye razones por las que te sientes mejor sobre tu vida.

Escenario

Karana pasa bastante tiempo construyendo una nueva casa en la isla. Haz un dibujo para mostrar cómo crees que se ve su casa. Utiliza detalles del capítulo 11 como ayuda para tu dibujo.

Trama

Crea un guion gráfico que muestre qué ocurre cuando Karana llega a la guarida de los perros salvajes en el capítulo 14. Debes tener entre cuatro y seis imágenes.

Vocabulary Overview

Ten key words from this section are provided below with definitions and sentences about how the words are used in the book. Choose one of the vocabulary activity sheets (pages 45 or 46) for students to complete as they read this section. Monitor students as they work to ensure the definitions they have found are accurate and relate to the text. Finally, discuss these important vocabulary words with students. If you think these words or other words in the section warrant more time devoted to them, there are suggestions in the introduction for other vocabulary activities (page 5).

Palabra	Definición	Oración sobre el texto
aguzado (c. 16)	puntiagudo	Ella construye una lanza con un palo **aguzado**.
sendas (c. 16)	una para cada uno	Podía haberles disparado **sendas** flechas a los perros.
pendencieros (c. 17)	que son dados a participar en peleas	Los arrendajos azules eran unos pájaros muy **pendencieros** y ruidosos.
oquedad (c. 18)	espacio vacío dentro de un cuerpo sólido	Karana ve muchos pulpos en la **oquedad** donde se refugiaba el pulpo gigante.
tejemaneje (c. 18)	exceso de movimiento	*Rontu* no entendía el **tejemaneje** de las gaviotas.
rezumante (c. 19)	que por sus poros o grietas pasa agua	La marea hacía subir la canoa por el muro **rezumante**.
bauprés (c. 19)	un palo horizontal fijado en la proa	Los últimos rayos del sol iluminan el **bauprés**.
charloteaban (c. 21)	se comunicaban haciendo mucho ruido	Los pelícanos **charloteaban** mientras pescaban.
reproche (c. 22)	regaño	*Mon-a-nee* mira a Karana con expresión de **reproche**.
guijarros (c. 22)	piedras pequeñas, redondeadas y lisas debido a la erosión del agua	Karana encuentra dos **guijarros** del mismo color para hacer unos pendientes.

Comprensión de las palabras del vocabulario

Instrucciones: Las siguientes palabras aparecen en esta sección del libro. Utiliza claves del contexto y material de referencia para determinar una definición precisa de cada palabra.

Palabra	Definición
aguzado (c. 16)	
sendas (c. 16)	
pendencieros (c. 17)	
oquedad (c. 18)	
tejemaneje (c. 18)	
rezumante (c. 19)	
bauprés (c. 19)	
charloteaban (c. 21)	
reproche (c. 22)	
guijarros (c. 22)	

Nombre _____

Fecha _____

Actividad de vocabulario durante la lectura

Instrucciones: Mientras lees estos capítulos, anota al menos ocho palabras importantes en los renglones. Intenta hallar palabras que sean interesantes, difíciles, intrigantes, especiales o graciosas. Tus palabras pueden ser largas o cortas. Pueden ser difíciles o fáciles de deletrear. Después de cada palabra, defínela utilizando claves del contexto en el libro y material de referencia.

- _____
- _____
- _____
- _____
- _____
- _____
- _____
- _____
- _____

Instrucciones: Responde las preguntas sobre las palabras de esta sección.

1. ¿Por qué mira *Mon-a-nee* a Karana con expresión de **reproche**?

_____

_____

2. ¿Por qué se le complica a Karana hacer pendientes con los **guijarros**?

_____

_____

Analyzing the Literature

Provided below are discussion questions you can use in small groups, with the whole class, or for written assignments. Each question is given at two levels so you can choose the right question for each group of students. Activity sheets with these questions are provided (pages 48–49) if you want students to write their responses. For each question, a few key discussion points are provided for your reference.

Story Element	■ Level 1	▲ Level 2	Key Discussion Points
Character	¿Qué nombres escoge Karana para los dos pájaros que tiene de mascotas? ¿Por qué les da estos nombres a los pájaros?	¿Qué pasos toma Karana para amansar y quedarse con los dos pájaros salvajes? ¿Por qué crees que lo hace?	Karana names the birds Tainor, after a young man she knew who was killed by the Aleuts, and Lurai, which is a name she wishes were hers. To tame the birds, Karana makes a cage for them, clips their wings so they can't fly away, and feeds them from her hand. She does this to ease her loneliness.
Setting	¿Cómo quedan atrapados Karana y *Rontu* en la Cueva Negra?	Karana pasa la noche en la Cueva Negra inquieta y sin poder dormir. ¿Qué ve y oye que la asusta tanto?	Karana paddles into the cave to explore but quickly decides to leave. However, the tide comes in, the water rises, and the cave's entrance becomes too small to pass through. Trapped inside, Karana is unnerved by a ledge on the wall lined with strange figures that include a skeleton, the echoes in the cave, and the spooky sounds of the rising water lapping against the cave walls.
Plot	¿Qué ocurre cuando *Rontu* intenta agarrar el pulpo?	Karana se esfuerza mucho por atrapar un pulpo, incluso hace una lanza especial. Entonces, ¿por qué deja de intentar atraparlos después de su primer intento?	When *Rontu* seizes the devilfish with his mouth, the devilfish uses its tentacles to grab the dog and try to pull him into the water. The encounter with the physically powerful devilfish is exhausting and terrifying for Karana. She is injured and *Rontu* is almost killed. She is afraid to risk another encounter.
Plot	Ofrece detalles sobre cómo alimenta Karana a la nutria. ¿Qué cantidad de peces es el número "justo y apropiado"?	Es mucho trabajo para Karana atrapar suficientes peces para sí misma, para *Rontu* y para *Mon-a-nee*. ¿Por qué crees que lo hace a pesar del esfuerzo que requiere?	The otter will not eat dead fish, so Karana catches fish and places them, alive, into the otter's pool of water. She starts with two fish, then four, and finally decides six is the right number. Karana feels compassion for the injured otter, with his huge, sad eyes. She also may be happy to have another "friend" on the island.

Nombre _____

Fecha _____

Análisis de la literatura

Instrucciones: Piensa sobre la sección que acabas de leer. Lee cada pregunta y expón tu respuesta con pruebas del texto.

1. ¿Qué nombres escoge Karana para los dos pájaros que tiene de mascotas? ¿Por qué les da estos nombres a los pájaros?

    _____

    _____

    _____

    _____

2. ¿Cómo quedan atrapados Karana y *Rontu* en la Cueva Negra?

    _____

    _____

    _____

    _____

3. ¿Qué ocurre cuando *Rontu* intenta agarrar el pulpo?

    _____

    _____

    _____

    _____

4. Ofrece detalles sobre cómo alimenta Karana a la nutria. ¿Qué cantidad de peces es el número "justo y apropiado"?

    _____

    _____

    _____

Nombre _____

Fecha _____

▲ Análisis de la literatura

Instrucciones: Piensa sobre la sección que acabas de leer. Lee cada pregunta y expón tu respuesta con pruebas del texto.

1. ¿Qué pasos toma Karana para amansar y quedarse con los dos pájaros salvajes? ¿Por qué crees que lo hace?

_____

_____

_____

_____

2. Karana pasa la noche en la Cueva Negra inquieta y sin poder dormir. ¿Qué ve y oye que la asusta tanto?

_____

_____

_____

_____

3. Karana se esfuerza mucho por atrapar un pulpo, incluso hace una lanza especial. Entonces, ¿por qué deja de intentar atraparlos después de su primer intento?

_____

_____

_____

4. Es mucho trabajo para Karana atrapar suficientes peces para sí misma, para *Rontu* y para *Mon-a-nee*. ¿Por qué crees que lo hace a pesar del esfuerzo que requiere?

_____

_____

_____

Nombre _____

Fecha _____

Reflexión del lector

Instrucciones: Elige y contesta uno de los siguientes temas sobre esta sección. Asegúrate de incluir una oración temática, de utilizar pruebas del texto para respaldar tu opinión y de proveer una conclusión sólida que resuma tu opinión.

Temas de escritura

- **Escrito informativo/explicativo:** Al principio Karana vacila en compartir información personal con Tutok. ¿De qué manera compartes información sobre ti mismo cuando conoces nuevas personas? ¿Qué tipo de cosas le dirías a alguien para demostrarle que quieres ser su amigo?
- **Escrito narrativo:** Escribe una escena donde Tutok se despide de Karana en lugar de irse sin decir adiós.

_____

_____

_____

_____

_____

_____

_____

_____

_____

_____

_____

_____

Lectura enfocada de la literatura

Instrucciones: Vuelve a leer con atención la sección del capítulo 16 que empieza con: "En un montículo, sobre la hierba y rodeado de plantas, estaba *Rontu*". Continúa hasta el final del capítulo. Lee cada pregunta a continuación y vuelve al texto para hallar pruebas que respalden tu respuesta.

1. Utiliza claves del texto para describir lo que ocurre entre *Rontu* y los demás perros.

   _____

   _____

   _____

2. ¿Por qué vacila Karana en ayudar a *Rontu* durante la batalla?

   _____

   _____

   _____

3. ¿Qué les ocurre a los dos perros que atacan a *Rontu*? Utiliza detalles del libro para explicarlo.

   _____

   _____

   _____

4. Describe el sonido que hace *Rontu* después de la batalla. ¿Qué crees que significa este sonido?

   _____

   _____

   _____

Nombre _____

Fecha _____

Participa en el tema: matemáticas para una corona

Instrucciones: Utiliza el siguiente pasaje del capítulo 21 como ayuda para contestar cada pregunta matemática de abajo. Tendrás que consultar el texto para hallar información que te ayude a resolver algunos de los problemas. Recuerda que las instrucciones del libro describen cómo hacer **una** corona.

"[...] me dispuse a fabricarle una corona para el pelo. Hice dos agujeros en cada uno de los discos, usando para ello una fuerte espina y arena. Entre ellos coloqué diez caparazones de unos minúsculos caracoles marinos, que no eran más grandes que el tamaño de una de mis uñas, y lo ligué todo con fibra vegetal.

Me costó cinco soles de trabajo aquel adorno para el cabello, y al quinto día, cuando la muchacha apareció, se lo coloqué yo misma alrededor del pelo, atándolo por detrás".

1. ¿Cuántos caparazones de caracol se necesitan para hacer 34 coronas? _____

2. Hay 254 caparazones de otro tipo en forma de disco en un cesto. ¿Cuántos agujeros se perforarán en total en los caparazones? _____

3. Karana ha recolectado 1,382 espinas y las ha colocado en un contenedor. Debido a la dureza de los caparazones, quiebra 845 espinas al intentar perforar los caparazones. ¿Cuántas espinas le quedan? _____

4. Al hacer cada corona, Karana usa $16\frac{1}{2}$ pulgadas de fibra. ¿Cuánta fibra se necesita para hacer 4 coronas? _____

5. Un caparazón de caracol mide 0.45 pulgadas de largo. ¿Cuánto medirían de largo doce caparazones si fueran colocados de punta a punta? _____

6. Karana tiene un cesto con 265 caparazones de caracol. ¿Cuántas coronas puede hacer con esta cantidad de caparazones? _____

Nombre _____

Fecha _____

Exprésate con los elementos del texto

Instrucciones: Para comprender qué sucede en una novela y por qué, es muy importante pensar en los elementos del texto de personaje, escenario y trama. Completa **una** de las siguientes actividades basándote en lo que has leído hasta ahora. ¡Sé creativo y diviértete!

Personajes

En un momento dado, *Rontu* está rodeado de una manada de perros salvajes. Dos de los perros lo atacan mientras Karana ve desde una distancia. ¿Y si los perros pudieran hablar? Escribe un diálogo que podría tener lugar entre los perros durante esta escena crucial.

Escenario

En la primavera, la vida brota por toda la isla de los delfines azules. Al principio del capítulo 17, Karana describe varios tipos de flores y de pájaros que observa cerca de su casa. Utiliza detalles de la descripción para hacer dibujos de los distintos pájaros y flores que ve. Rotula tus dibujos.

Trama

Karana dedica bastante tiempo a cuidar a una nutria hasta que recupera la salud. Utiliza el libro y tus propias ideas para crear un folleto de tres páginas con oraciones e imágenes que expliquen cómo cuidar a una nutria. Algunas cosas en las que podrías enfocarte incluyen el hábitat, la alimentación, la recreación y cómo escoger un nombre.

Vocabulary Overview

Ten key words from this section are provided below with definitions and sentences about how the words are used in the book. Choose one of the vocabulary activity sheets (pages 55 or 56) for students to complete as they read this section. Monitor students as they work to ensure the definitions they have found are accurate and relate to the text. Finally, discuss these important vocabulary words with students. If you think these words or other words in the section warrant more time devoted to them, there are suggestions in the introduction for other vocabulary activities (page 5).

Palabra	Definición	Oración sobre el texto
congéneres (c. 23)	personas, animales o cosas del mismo tipo	Los **congéneres** de *Won-a-nee* jugaban de la misma manera que ella.
antaño (c. 24)	en tiempo pasado	Antes de morir, *Rontu* vuelve a la guarida donde vivía **antaño**.
cabriolas (c. 25)	volteretas o saltos en el aire	Los perros salvajes se divertían haciendo algunas **cabriolas**.
sordo (c. 26)	silencioso; que suena poco	El ruido **sordo** seguía oyéndose.
trompicones (c. 26)	tropezones o pasos tambaleantes	Karana corrió aterrorizada al ver la enorme ola, yendo a **trompicones**.
firmamento (c. 27)	el cielo, donde se ven las estrellas	Algo importante hace que Karana alce los brazos hacia el **firmamento**: ¡un barco!
agazapé (c. 27)	agaché, encogiendo el cuerpo hacia la tierra	Me **agazapé** temerosa en el extremo del promontorio.
desacompasados (c. 27)	que han perdido el ritmo normal	Los latidos **desacompasados** de Karana delataban su temor.
intersticios (c. 27)	espacios entre varios objetos	Karana abandona el montículo y el césped que crecía entre los **intersticios** de los caparazones.
en vano (c. 28)	inútilmente	Al dejar la isla, Karana recuerda la pequeña zorra rojiza que rascaba **en vano** la cerca de la casa.

Nombre _____

Fecha _____

Comprensión de las palabras del vocabulario

Instrucciones: Las siguientes palabras aparecen en esta sección del libro. Utiliza claves del contexto y material de referencia para determinar una definición precisa de cada palabra.

Palabra	Definición
congéneres (c. 23)	
antaño (c. 24)	
cabriolas (c. 25)	
sordo (c. 26)	
trompicones (c. 26)	
firmamento (c. 27)	
agazapé (c. 27)	
desacompasados (c. 27)	
intersticios (c. 27)	
en vano (c. 28)	

Nombre _____

Fecha _____

Actividad de vocabulario durante la lectura

Instrucciones: Mientras lees estos capítulos, elige cinco palabras importantes del cuento para completar este diagrama de flujo. Sobre cada flecha, escribe una palabra. En las casillas, explica cómo se relacionan las palabras. Un ejemplo para las palabras *oleaje* y *arrebatarle* ya se ha hecho como ayuda.

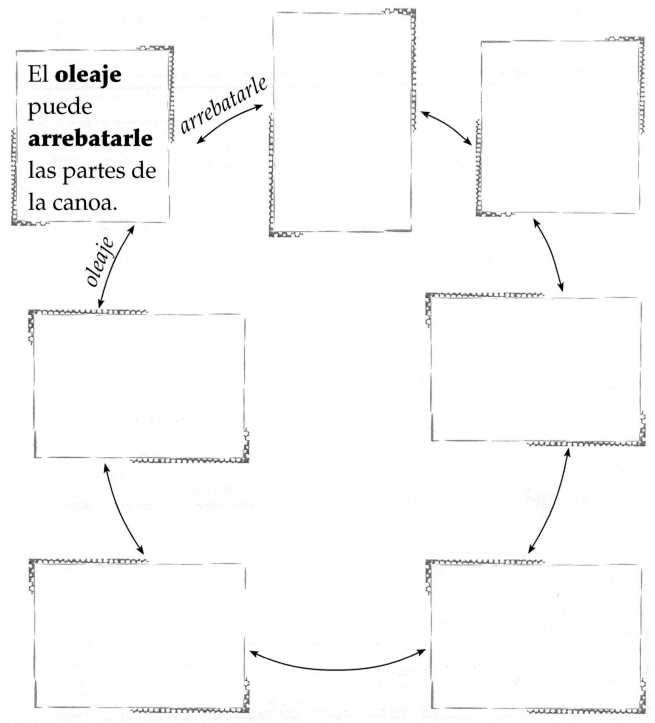

El **oleaje** puede **arrebatarle** las partes de la canoa.

Analyzing the Literature

Provided below are discussion questions you can use in small groups, with the whole class, or for written assignments. Each question is given at two levels so you can choose the right question for each group of students. Activity sheets with these questions are provided (pages 58–59) if you want students to write their responses. For each question, a few key discussion points are provided for your reference.

Story Element	■ Level 1	▲ Level 2	Key Discussion Points
Character	En el capítulo 24, Karana habla sobre su sistema para llevar la cuenta del tiempo. ¿Qué es, y cómo cambia a través de los años?	¿Por qué crees que Karana pasa de llevar la cuenta del tiempo marcando los meses a marcar solamente las estaciones y después no lleva la cuenta para nada?	Karana makes a mark for each moon cycle (month) on a pole near her house. Eventually she starts to track only the passing of the four seasons. Then she stops marking time at all. Time loses its meaning to Karana when she gives up hope of rescue. So many years have passed that she thinks she will never leave the island.
Plot	Karana hace una tumba especial para *Rontu*. ¿Puedes describirla?	La muerte de *Rontu* es muy dolorosa para Karana. ¿Por qué crees que esta pérdida en particular le pesa tanto?	Karana spends two days digging *Rontu*'s grave. She buries him with sand flowers and a special stick. She covers the grave with colorful pebbles. *Rontu* was her first and most loyal island friend. Many of her other difficulties and losses have been made easier by his presence. His absence will make her loneliness even more acute.
Plot	¿Qué hace Karana la primera vez que llega un barco de rescate a la isla?	La primera vez que llega un barco a la isla Karana titubea y la tripulación se marcha sin hallarla. ¿Qué le hace eso sentir a Karana sobre un posible rescate?	Karana does not answer the searcher's cries, and she takes her time gathering her belongings and her thoughts. Meanwhile, the ship leaves the island. Karana frantically tries to signal the departing ship but is too late. This renews her hope of rescue, and she watches for the ship and is ready when it returns.
Character	¿Cómo se siente Karana sobre el vestido que le hicieron los hombres? ¿Cómo lo sabes?	¿Por qué crees que quienes rescataron a Karana insisten en que se ponga un vestido y no su ropa de la isla? ¿Qué pistas ofrece este dato sobre cómo cambiará su vida ahora?	Karana does not care for the blue dress that covers her. It is hot, itchy, and ugly. Her rescuers want her to wear it because they think her island apparel is inappropriate and too revealing. This is a hint that Karana will face many restrictive changes when she arrives in California.

Nombre _____

Fecha _____

Análisis de la literatura

Instrucciones: Piensa sobre la sección que acabas de leer. Lee cada pregunta y expón tu respuesta con pruebas del texto.

1. En el capítulo 24, Karana habla sobre su sistema para llevar la cuenta del tiempo. ¿Qué es, y cómo cambia a través de los años?

   _____

   _____

   _____

   _____

2. Karana hace una tumba especial para *Rontu*. ¿Puedes describirla?

   _____

   _____

   _____

   _____

3. ¿Qué hace Karana la primera vez que llega un barco de rescate a la isla?

   _____

   _____

   _____

   _____

4. ¿Cómo se siente Karana sobre el vestido que le hicieron los hombres? ¿Cómo lo sabes?

   _____

   _____

   _____

Nombre _____

Fecha _____

▲ Análisis de la literatura

Instrucciones: Piensa sobre la sección que acabas de leer. Lee cada pregunta y expón tu respuesta con pruebas del texto.

1. ¿Por qué crees que Karana pasa de llevar la cuenta del tiempo marcando los meses a marcar solamente las estaciones y después no lleva la cuenta para nada?

_____

_____

_____

_____

2. La muerte de *Rontu* es muy dolorosa para Karana. ¿Por qué crees que esta pérdida en particular le pesa tanto?

_____

_____

_____

3. La primera vez que llega un barco a la isla Karana titubea y la tripulación se marcha sin hallarla. ¿Qué le hace eso sentir a Karana sobre un posible rescate?

_____

_____

_____

4. ¿Por qué crees que quienes rescataron a Karana insisten en que se ponga un vestido y no su ropa de la isla? ¿Qué pistas ofrece este dato sobre cómo cambiará su vida ahora?

_____

_____

_____

Nombre _____

Fecha _____

Reflexión del lector

Instrucciones: Elige y contesta uno de los siguientes temas sobre esta sección. Asegúrate de incluir una oración temática, de utilizar pruebas del texto para respaldar tu opinión y de proveer una conclusión sólida que resuma tu opinión.

Temas de escritura

- **Escrito de opinión/argumento:** A través de los años, Karana desarrolla una relación amistosa con muchos animales de la isla. Con el tiempo, Karana decide que ya no matará animales. Sabe que su familia vería esto como una decisión absurda. ¿Quién crees que tenga razón, Karana o su familia?
- **Escrito informativo/explicativo:** En la novela, Karana habla muchas veces de su soledad. Pero en los últimos capítulos su soledad parece ser mayor y parece afectarle más que nunca. Explica por qué crees que es así.

_____

_____

_____

_____

_____

_____

_____

_____

_____

_____

_____

_____

Nombre _____

Fecha _____

Lectura enfocada de la literatura

Instrucciones: Vuelve a leer con atención el párrafo cerca del comienzo del capítulo 25 que empieza con: "Durante el verano anterior, cuando iba de camino hacia el lugar en que vivían los elefantes marinos [...]". Sigue leyendo hasta llegar al penúltimo párrafo del capítulo. Lee cada pregunta a continuación y vuelve al texto para hallar pruebas que respalden tu respuesta.

1. Según los detalles de esta sección, ¿qué características físicas del perro hacen que Karana piense que él es el hijo de *Rontu*?

    _____

    _____

    _____

2. Usa el texto para explicar lo que hace Karana con las trampas que construye.

    _____

    _____

    _____

3. ¿Qué dos cosas se muelen juntas para hacer *xuchal*, y cómo usa Karana esta sustancia para atrapar a los perros?

    _____

    _____

    _____

4. Usa detalles del texto para describir cómo reacciona el perro cuando llega a la casa de Karana.

    _____

    _____

    _____

Nombre _____

Fecha _____

Participa en el tema: terremotos y tsunamis

Instrucciones: En esta sección, Karana experimenta dos fenómenos naturales aterradores en dos días. Primero, un tsunami casi se la lleva al mar. Al siguiente día, una serie de terremotos sacude la isla de los delfines azules. Investiga algunos datos sobre cada uno de estos fenómenos naturales. Completa el diagrama de Venn a continuación sobre estos fenómenos naturales.

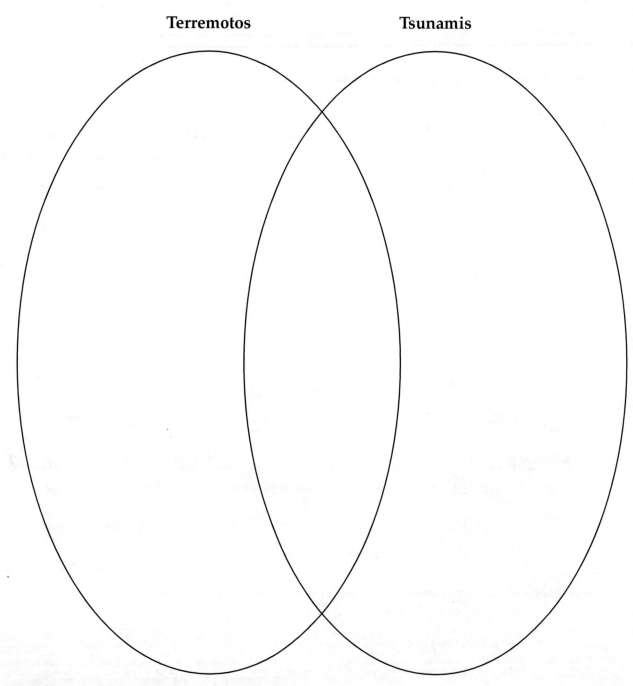

Terremotos   Tsunamis

Nombre _____

Fecha _____

Exprésate con los elementos del texto

Instrucciones: Para comprender qué sucede en una novela y por qué, es muy importante pensar en los elementos del texto de personaje, escenario y trama. Completa **una** de las siguientes actividades basándote en lo que has leído hasta ahora. ¡Sé creativo y diviértete!

Personajes

Imagina que eres Karana y que estás en el barco de rescate, viendo cómo desaparece la isla de tu vista mientras te alejas navegando. Escríbele una carta a la isla (como si fuera una persona) y hazle saber lo que sientes mientras te vas. Piensa en los buenos y los malos momentos que tuviste e incluye cualquier otra cosa que sientas mientras empiezas a partir del lugar donde has estado toda tu vida.

Escenario

Haz un dibujo de "antes y después" para mostrar cómo crees que el tsunami y los terremotos afectaron la isla de los delfines azules. Utiliza el lado izquierdo para mostrar cómo es antes de que acontecieran los desastres y el lado derecho para mostrar la isla después. Puedes utilizar algunos de los siguientes objetos en ambos lados del dibujo: la casa de Karana, plantas, olas, barrancos, canoas, vida silvestre y cualquier otra cosa que se te ocurra.

Trama

A Karana y los hombres que la rescatan se les dificulta comunicarse. Si hubiera sido posible tener una conversación, ¿qué preguntas crees que se hubieran hecho? Crea una entrevista de tres preguntas para cada lado: tres preguntas para que Karana les haga a los marineros y tres para que los marineros le hagan a Karana. Termina la entrevista contestando cómo crees que habrían respondido los personajes cada pregunta.

Nombre _____

Fecha _____

Poslectura: pensamientos sobre el tema

Instrucciones: Lee cada una de las afirmaciones de la primera columna. Elige un personaje principal de *La isla de los delfines azules*. Piensa en el punto de vista de ese personaje. Decide, desde su punto de vista, si ese personaje estaría de acuerdo o en desacuerdo con las afirmaciones. Registra la opinión del personaje con una X en De acuerdo o En desacuerdo para cada afirmación. Explica tus decisiones en la cuarta columna utilizando pruebas del texto.

Personaje que elegí: _____

Afirmación	De acuerdo	En desacuerdo	Explica tu respuesta
Es aceptable cazar animales para obtener su piel o su pelaje.			
Vengarse es una manera constructiva de expresar el enojo.			
Estar solo es la mejor manera de aprender a sobrevivir.			
Las mujeres pueden lograr cualquier cosa que los hombres pueden lograr.			

Nombre _____

Fecha _____

Actividad culminante: vida silvestre maravillosa

Instrucciones: Al principio de la historia de Karana, ella parece pensar en los animale como cosas a las que se les debe temer o matar. Para cuando se marcha de la isla, muchos años después, su manera de pensar sobre los animales ha cambiado. Tiene muchas mascotas y se refiere a estos animales como sus amigos e incluso los llama sus hijos. También dice que nunca más matará a un animal para obtener su pelaje, sus plumas o sus tendones. A continuación haz una lista de diez animales con los que Karana interactúa o que observa durante su tiempo en la isla. Incluye una descripción breve al lado de cada animal que describa qué tipo de interacción se produjo.

- _____

- _____

- _____

- _____

- _____

- _____

- _____

- _____

- _____

- _____

Nombre _____

Fecha _____

Actividad culminante: vida silvestre maravillosa (cont.)

Instrucciones: Ahora que has pensado en cómo interactuaba Karana con los animales durante su tiempo en la isla, crearás un libro que ilustre cómo fue que cambiaron sus sentimientos sobre los animales.

1. Pon tu lista de interacciones con animales de la página 65 en orden cronológico.

2. Toma tres o cuatro hojas de papel. Apílalas y dóblalas por la mitad para formar un libro pequeño.

3. Diseña una portada para tu libro y dale un título.

4. Comenzando dentro del libro, crea una página para cada animal que Karana encuentra en la isla.

   - Cada página debe incluir un dibujo del animal solo o a Karana interactuando con el animal.

   - Rotula cada dibujo con una descripción detallada de lo que ocurre en el dibujo.

> El comienzo de tu libro debe incluir interacciones con animales que no son positivas. Al final del libro, las experiencias que ilustras serán positivas y deben mostrar cómo Karana llegó a valorar y respetar la vida silvestre de la isla de los delfines azules.

Nombre _____

Fecha _____

Evaluación de la comprensión

Instrucciones: Encierra la letra de la mejor respuesta a cada pregunta.

1. ¿Cuál es el significado de la palabra *tendón*?

    A. un accidente geográfico grande de la isla

    B. un grupo de fibras que unen los músculos a los huesos

    C. un tipo de pájaro

    D. una guarida para animales salvajes

2. ¿Qué afirmación respalda mejor tu respuesta a la pregunta 1?

    E. Karana usa el material para atar su piedra afilada a la punta del palo.

    F. Karana le pregunta a su padre si puede conseguir tendones.

    G. Karana pisa sin querer unos tendones afuera de su casa.

    H. El jefe le dice a Karana que los tendones están cerca del agua a la orilla de la playa.

3. ¿Qué detalle del libro describe mejor cómo se siente Karana sobre Tutok?

    A. "Me proponía servirme de un colmillo de elefante marino para la punta de la lanza, ya que posee [...]".

    B. "Al amanecer lo tomé en brazos y abandonamos la cueva".

    C. "[...] estuve toda la noche velando el cuerpo de mi hermano".

    D. "Me costó cinco soles de trabajo aquel adorno para el cabello [...]".

4. ¿Qué afirmación provee las mejores pruebas para tu respuesta a la pregunta 3?

    E. Karana jura vengarse por la muerte de su hermano.

    F. Mientras está sobre el acantilado, Karana piensa en su amiga y la isla le parece muy silenciosa.

    G. Mientras observa al barco alejarse, Karana se alegra de que los aleutianos se hayan marchado.

    H. Karana sostiene la piedra pero no la lanza, temerosa de que pueda golpear a alguien de su tribu.

Evaluación de la comprensión (cont.)

5. ¿Cuál de las siguientes se puede deducir de este pasaje de la novela?

   "Contemplando su cuerpo me di cuenta de que nunca debió comunicarle al capitán Orlov su nombre secreto. De vuelta en el poblado, todas las mujeres —bañadas en llanto— y los hombres —con la tristeza reflejada en el rostro— se mostraron de acuerdo en que dicho error acabó debilitándolo hasta hacer que perdiera la vida en la lucha contra el ladrón ruso y sus cazadores aleutianos".

   A. El capitán Orlov le dice a todos los del barco el nombre secreto del líder.

   B. Numerosos hombres y mujeres mueren en la batalla con los aleutianos.

   C. El padre de Karana confió demasiado en los visitantes rusos.

   D. Los aldeanos buscan vengarse de los aleutianos.

6. ¿A qué personaje del cuento se refiere el pasaje?

   E. Karana

   F. Ramo

   G. Kimki

   H. jefe Chowig

7. ¿Qué propósito tiene la siguiente oración de la novela?: "Puede que incluso las armas se rompieran en mis manos cuando mi vida estuviera en peligro, conforme nos aseguraba mi padre [...]".

   _____

   _____

   _____

8. ¿Cuál de las siguientes afirmaciones se usa para expresar el mismo significado que el de la pregunta 7?

   A. Los perros no vienen a la vivienda mientras Karana fabrica las armas.

   B. Karana se pregunta si los cuatro vientos soplarán en las cuatro direcciones y la arrastrarán cuando esté fabricando las armas.

   C. Karana usa el arma hecha a mano para capturar y matar al misterioso pulpo.

   D. Mientras el perro sigue inmóvil cerca de ella, se da cuenta de que no puede lanzar la flecha para acabar con él.

Reflexión sobre la literatura: hechos o ficción

Instrucciones: El autor, Scott O'Dell, basó este cuento en acontecimientos que sí ocurrieron. Los lugares en el libro también están basados en lugares reales en California. ¿Qué puedes averiguar sobre las personas y los acontecimientos que inspiraron a O'Dell a escribir este libro? Escribe un ensayo de dos o tres páginas que ayude a explicar la inspiración detrás de *La isla de los delfines azules*. Responde las siguientes preguntas en tu ensayo:

- ¿Quién es la persona real en la que está basado el personaje de Karana?

- ¿Cuándo y dónde tuvieron lugar los acontecimientos reales?

- ¿Hay diferencias obvias entre los acontecimientos reales y los acontecimientos del libro?

- ¿Qué partes crees que se agregaron al libro para que fuera más emocionante? Explica por qué lo crees.

_____

_____

_____

_____

_____

_____

_____

_____

_____

_____

_____

_____

Nombre _____

Fecha _____

Pauta: Reflexión sobre la literatura

Instrucciones: Utilice esta pauta para evaluar las respuestas de los estudiantes.

	Escritura excepcional	Escritura de calidad	Escritura en desarrollo
Enfoque y organización	☐ Enuncia una opinión clara y profundiza de buena manera. Hace que el lector se interese empezando con la oración con gancho, en el nudo y hasta la conclusión. Demuestra un entendimiento claro de los lectores potenciales y del propósito del escrito.	☐ Provee una opinión clara y consistente. Mantiene un punto de vista claro y lo respalda al explayar los detalles. Forma una opinión clara desde el comienzo en el gancho y resume correctamente en la conclusión.	☐ Provee un punto de vista inconsistente. No respalda el tema de manera correcta o se salta información pertinente. No hay suficiente claridad en el principio, en el nudo y en la conclusión.
Pruebas del texto	☐ Provee información de respaldo completa y precisa. Incluye referencias de texto relevantes y apropiadas.	☐ Provee información de respaldo limitada. Provee pocas referencias de texto como respaldo.	☐ Provee un respaldo muy limitado para el texto. No provee referencias de texto como respaldo.
Expresión escrita	☐ Usa lenguaje descriptivo y preciso de manera clara e intencionada. Mantiene una voz consistente y usa un tono apropiado que respalda la intención del texto. Usa varios tipos de oraciones y hay buenas transiciones entre las ideas.	☐ Usa un vocabulario amplio. Mantiene una voz consistente y respalda un cierto tono y sentimientos por medio del lenguaje. Varía la longitud de las oraciones y varía las palabras que usa.	☐ Usa un vocabulario limitado y no variado. Provee una voz y un tono débiles e inconsistentes. Provee poca o nula variación en el tipo y en la longitud de las oraciones.
Convenciones del lenguaje	☐ Hace uso correcto de las mayúsculas, la puntuación y la ortografía. Demuestra ideas completas dentro de las oraciones con concordancia correcta entre los sujetos y los verbos. Usa párrafos de manera apropiada y con un propósito claro.	☐ Hace uso correcto de las mayúsculas, la puntuación y la ortografía. Demuestra pensamientos completos en las oraciones y uso correcto de la gramática. Los párrafos están divididos y respaldados de manera correcta.	☐ Hace uso incorrecto de las mayúsculas, la puntuación y la ortografía. Usa oraciones fragmentadas o mal construidas. Usa gramática incorrecta en general. Los párrafos están mal divididos y poco desarrollados.

The responses provided here are just examples of what students may answer. Many accurate responses are possible for the questions throughout this unit.

During-Reading Vocabulary Activity—Section 1: Capítulos 1–5 (page 16)

1. Quizás se congregaron en la **meseta** porque tenían miedo y querían ver de lejos.

2. La playa está sembrada de **restos** y el oleaje está teñido de sangre.

Close Reading the Literature—Section 1: Capítulos 1–5 (page 21)

1. Todo sucede tan rápido que Karana no puede determinar si su padre atacó al cazador aleutiano primero o si el cazador le dio un empellón a su padre primero.

2. Karana y Ulape están escondidas en el arrecife. El resto de las mujeres están en el acantilado. Ulape lanza un pedazo de roca, pero nadie más lo hace porque temen herir a sus propios guerreros.

3. Los aleutianos del barco disparan un cañón hacia la isla. El disparo hace mucho ruido y cinco guerreros de la tribu caen muertos.

4. Karana y su gente creen que haberle dado su nombre real al capitán ruso debilitó al jefe Chowig.

During-Reading Vocabulary Activity—Section 2: Capítulos 6–10 (page 26)

1. Karana se da cuenta de que las **chucherías** fueron traídas por los aleutianos. Fueron estos quienes mataron a la mayoría de su tribu, entre ellos su padre.

2. Ramo tiene una expresión de **abatimiento** porque se da cuenta de que el barco no va a regresar y ahora él y Karana están solos en la isla.

Close Reading the Literature—Section 2: Capítulos 6–10 (page 31)

1. Karana usa las estrellas para navegar. Se apoya especialmente en la Estrella del Norte, a la que su tribu llama "Estrella que nunca varía".

2. Karana rasga un pedazo de su falda y con eso tapona la hendidura para que no entre más agua.

3. Karana no quiere regresar porque ya se esforzó mucho para llegar a donde está. También tiene miedo de volver a la isla donde estará sola.

4. Karana vuelve a la isla cuando el agua empieza a entrar de nuevo a la canoa.

Close Reading the Literature—Section 3: Capítulos 11–15 (page 41)

1. Karana no está segura de por qué no acaba con la vida del perro. Cree que es porque está herido y no puede moverse. Dice que si se hubiera movido lo hubiera matado.

2. Karana le saca la punta de la flecha al perro. Después usa un palo sin corteza de arbusto de coral para limpiar la herida. Ella sabe que esta madera suele curar heridas.

3. Karana le provee agua, pescados y refugio al perro.

4. Aunque al principio no siente cariño por el perro, para el cuarto día cambia de opinión y se da cuenta de que se siente de manera distinta. Está agradecida de que el perro esté allí y le da un nombre.

During-Reading Vocabulary Activity—Section 4: Capítulos 16–22 (page 46)

1. *Mon-a-nee* tiene una expresión de **reproche** porque quería más peces de los que Karana le ofreció.

2. Porque solo puede buscar los **guijarros** cuando la marea está baja, porque deben ser del mismo color y porque son difíciles de traspasar.

Close Reading the Literature—Section 4: Capítulos 16–22 (page 51)

1. *Rontu* y los otros dos perros están enfrentándose para establecer dominio. Los otros perros de la manada esperan a ver quién ganará. Entonces atacarán a los perros que pierdan la pelea.

2. Karana se da cuenta de que la batalla es entre *Rontu* y los otros perros. Sabe que si interfiere los perros pelearán de nuevo y quizás la próxima vez *Rontu* no estará preparado.

3. Al primer perro *Rontu* le quiebra la pierna y el perro se retira. El segundo perro muere cuando *Rontu* le muerde la garganta.

4. Después de la pelea, *Rontu* emite un prolongado aullido. Esto puede ser una señal primitiva de que él es el perro dominante y que no deben retarlo más.

Making Connections—Section 4: Capítulos 16–22 (page 52)

1. $34 \times 10 = 340$ caparazones

2. $254 \times 2 = 508$ agujeros

3. $1{,}382 - 845 = 537$ espinas

4. $16 \frac{1}{2} \times 4 = 66$ pulgadas

5. $0.45 \times 12 = 5.4$ pulgadas

6. $265 \div 10 = 26$ coronas con 5 caparazones restantes

Close Reading the Literature—Section 5: Capítulos 24–29 (page 61)

1. Karana cree que el perro es hijo de *Rontu* porque es más pesado que los demás perros. También se da cuenta de su pelo espeso y de sus ojos amarillentos. El perro también tiene un paso elegante idéntico al de *Rontu*.

2. Karana pone las trampas fuera de la valla que rodea su refugio. Las ceba con pescados para atraer a los perros salvajes.

3. El *xuchal* se prepara con caparazones molidos y hojas de tabaco silvestre. Karana lo mezcla en el agua que beben los perros y se duermen después de que lo beben.

4. Cuando el perro llega a la casa de Karana y se despierta, aúlla y trota intentando escapar.

Comprehension Assessment (pages 67–68)

1. B. un grupo de fibras que unen los músculos a los huesos

2. E. Karana usa el material para atar su piedra afilada a la punta del palo.

3. D. "Me costó cinco soles de trabajo aquel adorno para el cabello [...]".

4. F. Mientras está sobre el acantilado, Karana piensa en su amiga y la isla le parece muy silenciosa.

5. C. El padre de Karana confió demasiado en los visitantes rusos.

6. H. jefe Chowig

7. Karana se preocupa por la ley que le prohíbe a las mujeres fabricar armas. Tiene miedo de que algo catastrófico le ocurra como castigo si quebranta esta ley.

8. B. Karana se pregunta si los cuatro vientos soplarán en las cuatro direcciones y la arrastrarán cuando esté fabricando las armas.